# 바람의 씨앗

백영희 시집

도서출판 두손컴

바람의 씨앗
·
2011

## ■ 시인의 말

툭, 바람의 씨앗이 몸에 내렸다.
발아해 꽃을 피우고 열매를 맺을 때
차마 발설 할 수 없어
시를 또다시 사랑하게 되었다.

앞만 보고 달렸던 20년 전
별이 되었을 나는, 시가 있어 행복했다.
세상도, 바람도 사랑 할 수 있는 힘을 준 시 이기에
이제 바람의 겹에 짓눌린 사람에게
시를 보내고 싶다.

2011. 4.

# 차례

시인의 말 / 3

## 1부 동백꽃이 아프다

동백꽃이 아프다 / 11
칠전도에서 / 12
죽음이 지나간 자리 / 13
물속에서 하늘보기 / 14
물속에서 하늘 보기 · 2 / 15
창밖에 빗줄기 혼자 흐르는데 / 16
유황물에 발 담그며 / 17
치란 마을에 서다 / 18
자비에르 신부님의 성역에서 / 19
연륙교 / 20
주전에서 · 6 / 21
임하호 / 22
이화원 / 23
홍길동 생가를 가다 / 24
산청에서 / 25
바다에 비가 내리면 / 26
철전사 가는 길 / 27
가려움에 들다 / 28
가덕도는 지금 / 29
꽃대가 그림이 되다 / 30

한산도에서 / 31
달빛에 갇힌다 / 32
여차에서 / 33
문동폭포 / 34
파도 / 35
다대포 / 36
이별을 심다 / 37

## 2부 은행나무 가을에 서다

은행나무 가을에 서다 / 41
쪽빛에 물들다 / 42
으악새 / 43
제3 망루에 내리는 가을 / 44
노을은 가을에 시리다 / 45
꽃무릇 · 2 / 46
가을산 / 47
노천탕에서 / 48
송도에서 / 49
어화의 유혹 / 50
해운대 일출 / 51
고향 – 강물 / 52
봄날에 수촌에 들다 / 53

성지곡의 봄 / 54
봄이 오는 소리 / 55
봄의 틈에 눈이 / 56
수련 / 57
삼월에 내리는 눈 / 58
파도의 얼굴 / 59
바다의 길 / 60
이별편지 / 61
이별여행 / 62

## 3부 풍경화로 접히다

풍경화로 접히다 / 65
석류 · 2 / 66
처용암 / 67
서운암의 봄 / 68
금산사 / 69
표충사의 꽃무릇 / 70
수애당 / 71
새만금 장승제 / 72
각진국사의 부도비 / 73
탱화 속에 탑을 돌며 / 74
무열왕능의 석수 / 75

석굴암 / 76
반계마을 / 77
탈놀음 / 78
사신의 현물을 훔치다 / 80
운흥사지 / 81
경흥사 / 82
정래문 / 83
갯벌이 땅으로 서다 / 84
몸은 넘쳐흐른다 / 85
흰요셉 / 86
보름달을 건지다 / 87
기름을 닦는 손 / 88
고향 - 봄 / 89
고향 - 가을 / 90
이별에 흔들린다 / 91

## 4부 소녀야 차 마시고 가자

소녀야 차 마시고 가자 / 95
홍시 / 96
전화 / 97
붉은 사랑 / 98
부르는 이름 / 99

창 / 100
달의 여자 / 101
가슴에 열린 / 102
억새는 외로움에 흔들린다 / 103
달을 자르다 / 104
여자는 별이 되다 / 105
송도 앞바다 / 106
삼월에 / 107
파도상자 / 108
고향 – 노을 / 109
도시의 얼굴 / 110
천사가 웃다 / 111
은교의 일기 / 112
차 한 잔에 / 113
가로등 / 114
벤자민 울다 / 115
1235호 / 116
알약이 모자이크 되다 / 117
이별을 지우며 / 118
기억이 스러지다 / 119

# 1부

# 동백꽃이 아프다

# 동백꽃이 아프다

새벽에 하얀 꽃 세상을 점령하다
동백꽃 투명의 눈빛 꺼낸 순간
얼음의 지문이 박혀
동박새 울음들 널려있다
눈꽃에 붉은 몸 숨기며
온몸으로 펴 올리는 봄의 기운
눈을 감고 뒤꿈치를 높여 숨을 멈춘다
하얀 마음의 달콤한 말에
바다에 뒤엉킨 바람과 햇살가지들
열정의 손짓 보내고 있다
안으로 웅크린 동백꽃
바다 냄새에 몸을 기대며
삼월의 아픈 마음에 겹겹이 쌓인다

# 칠전도에서

칠전도 순환도로에 앉은 동백꽃
추위에 붉은 빛 숨기며
잎들 긴 한숨이다
무료함에 굴을 따는 칼은
바다를 깎고
파도를 삼키는 자유로움에
금빛 고요가 목이 매인다
둔덕의 청마생가, 연구포의 노을
갈비뼈 안쪽에
집을 지은 조각들이
여자의 가슴을 열어
겹겹이 싹을 틔우고 있다
섬은 꼬불꼬불 모래밭과
마을을 숨기고
삼월의 바람은 가슴을 뚫었다
바다가 끌고 온 인연의 색은 붉다

## 죽음이 지나간 자리

해초가 몸을 흔들어 소금을 토하는 소리
동백 숲은 봄을 불러
꽃망울을 터트린다
새들의 비명이 수상한 한낮
발자국 소리가 무섬증으로
푸드덕 갈색의 몸, 솔개는 하늘로 솟았다
그 아래 제 몸을 펼친 동박새
날카로운 울음을 말아지고
붉은 얼룩이 낭자하다
굶주린 새끼의 비명이 솔개의 귀 울음에
땅으로 몸을 꽂아
피빛 목덜미를 덥석 물고
봄빛을 쪼개며 사라진다
숭고한 죽음이 지나간 자리
배를 불리는 동백꽃
허방에 깃털을 뿌옇게 날리는 정오

# 물속에서 하늘보기

모슬포와 마라도의 바다 속에 앉았다
잠수함 기계소리에 놀라
바다는 고기를 데리고
더 먼 바다로 잠수했다
텅 빈 바다의 창에 얼굴을 붙이며
물속에서 하늘을 본다
눈부시다
햇살이 파도에 부딪쳐
꽃망울을 터트리는 빛의 살결들
엉덩이를 흔들며 춤추는 푸른 몸짓들
바람이 주물러 일곱 색의 햇살가지로
꽃동산을 만드는 시간
뇌의 주파수는 가지를 뻗으며
턱 뼈를 고정 시켰다
아아, 바다가 하늘을 삼키는 신음소리를
몸속에서 듣는다
그날 이후
날마다 물속에서 하늘을 본다

# 물속에서 하늘 보기 · 2

열다섯 소녀의 연둣빛 마음
가포 앞바다에
방울방울 칼날 되어
파도로 살고 있다
바다의 발가락에 감긴 뿌리
바람의 비명에 몸통 채 뽑혀도
마음은 파도의 하얀 꽃으로 자란다
갈매기는 이승의 동백꽃에
붉은빛 뚝뚝 흐르는 이야기
엽서에 담아
생명의 길을 연다
만 갈래로 수면에 부딪치는 햇살이
투명의 창에
사십년을 소금 꽃으로 피고진다

# 창밖에 빗줄기 혼자 흐르는데

젖은 잔디가 그림으로 펼쳐진다
기리시마는
삼일 내내 안개와 비를 뿌렸다
창밖에 빗줄기 혼자 흐르는데
차를 마시며 음악을 듣는다
여자가 숨긴 슬픔들
태풍에 따라 와
눈가에 푸덕이며
온 몸으로 느릿느릿 스며든다
살갗의 유황냄새가 먼 길까지 퍼져
손수건에 앉아 칭얼대면서
친구의 얼룩진 손은 어둠을 가져왔다
깊이 더 깊이 내리는 서러움
도마 위에 회쳐먹는 입술
여기까지 따라 온 세월이
혼자 외롭다

# 유황물에 발 담그며

우산 위로 떨어지는 눈물의 소리들
차가운 빗물로 가슴에 스민다
대나무 풍경소리는
안개와 바람을 뚫고
에비노 공원의 천 이백 미터
살갗에 퍼진다
빗물이 그리움의 얼굴로 포개져
맨발로 비속을 뛰었다
사슴들도 구름과 비 사이를 달렸다
달콤한 고구마탕에 젖은 눈망울
유황 물에 뚝뚝 떨어진다
야외 족탕에 여인들의 웃음소리
계곡에 흘러내린다

# 치란 마을에 서다

담장의 석단이 마을을 안아
집들이 미로에 엮였다
낭인의 여자들 기다림이
담장에 꾸깃꾸깃 검은 이끼로 자랐다
칼과 나막신 끄는 소리
말발굽 소리가 돌담에 묻어
뿌연 전생의 그림자를 흔들고 있다
마당을 지키는 몇 백 년 전의 돌탑
담장사이로 넘나드는 피비린내
아낙의 어깨에 국화문신
굳게 닫힌 빗금 친 창호지
세월이 바람을 데리고
골목을 돌고 있다
안 뜰의 꽃과 나비
빨랫줄에 걸린 무사의 그림자
한여름은 치란의 얼굴로
나를 불렀다

# 자비에르 신부님의 성역에서

가고시마 성지의 길
마음의 간구를 드리는 소리를 들으며
소녀는 온몸이 땀에 묶여
무릎의 이끼들 푸르게 자랐다
유년에 두고 온 묵상은
길을 잃고 성경 속에 잠겨 있다
자비에르 신부님의 푸른 눈에 입 맞추며
세상의 나비가 날아오르고
삼나무 숲의 향기가 노래에 젖어 푸덕인다
닫혀 진 신궁에 문이 열리며
남큐슈에서 동경까지
마음의 밭에 씨앗이 떨어져
기도로 열린 열매들
세상의 죄를 씻는
자비에르 신부님의 목소리
가고시마의 몸 속에서 듣는다

# 연륙교

연륙교를 지나 저도에 들어오니
붉은 옷의 소년이
40년 전의 그 미소로
여름바다에 서서
추억의 새를 날리고 있다
세월은 뇌의 세포를
하얀 석화로 꽃 피우고
백지위로 날았던 새가
꽃에 부딪쳐
하얀 선혈을 흘리며 퍼덕였다
녹슨 투망에 바람이 시리도록 걸려
남해바다의 얼굴은
비에 젖어 눈물로 겹친다

## 주전에서 · 6

그해 구월은 잔인했다
수술실 문에 몇 사람의 얼굴이 보였고
아침이 숨을 죽였다
영혼이 떠나려는 몸과
울고 있는 여름을 데리고
생의 끝을 따라 눕는 저녁놀의
주전 앞바다를 찾았다
슬픔의 가슴에 심은 파도의 몸짓
살아야 한다, 살아야 한다며
소곤대는 속삭임에 젖어
달빛이 바다에 잠겨 눈시울이 아렸다
파도가 바위에 부딪쳐
모래가 하얀 별빛이 되고
몸의 검은 상처도
별이 되는 바다의 이야기
어두움에 앉은 등대가 밝히고 있다

# 임하호

하늘에 걸린 파랑색
계곡을 묶어 화폭을 그린다
산과 하늘을 뚫어
물을 토해낸 임하호
달빛이 하얗게 내려 와 몸을 풀었다
달 여울을 건지며
물의 가슴에 안긴 여자
풀무의 불에 살갗이 꽂혀
추억의 사리들 뼈 속에 구른다
새가 물에 멱 감는 소리
34번 국도의 가랑이 돌고 돌아
바람에 업혀 떠나고 있다

# 이화원

빗물에 벽 속의 여자가
소리 없이 웃고 있다
꽃이 핀 긴 낭하를 걸으며
꽃밭에 앉는다
꽃 속에 추락하는 남정네의 비명소리
순간에 얼어붙은 발자국
널려있는 욕망들, 동굴에 갇힌다
멍울의 몸뚱이를 가진 여자
열정과 권력이 세상의 독설에 부서진다
그림자들 웅성거리는 소리
햇빛에 말려 가방에 밀어 넣었다
벽에 만개한 꽃들
여자의 가슴에 줄줄이 피어
황후의 미소가
입가에 따라와 꽃의 향기가 된다

# 홍길동 생가를 가다

질퍽한 산등성이의 홍길동 생가
전설이 이월 매화의 마음을 훔쳐
꿈에 다가왔다
꽃샘추위에 눈물범벅된 고드름의 얼굴
햇살과 속삭여
서러움과 한 몸으로 낙하한다
댓잎에 매달린 바람과 그리움 사이
텅텅 고드름 떨어져
흙탕물 튕겨 오른다
마음의 끈이 빛의 몸에 휘둘려
물로 사라지는 옛이야기
삶의 틈 사이에 멈춘 시간
설매화의 아린 속살이
환한 봄을 피우며
웃음이 머리위로 쏟아진다

# 산청에서

노을에 걸린 마음이
산을 뚫고 성취동기 훈련장으로
한 걸음에 닿는다
세월에 엮인 분노와 슬픔들
가슴에 다가 온 소리는 이분법이다
설렘의 가슴 절정에 달구어
달콤한 소리는 아닐까
벌거숭이 마음이 우주에 둥둥 떠 있다
여기, 이 시간들이
투명한 병 속에 날아다닌다
분홍빛에 커져가는 환희심이
육신에 쏟아지며
보이지 않는 것들이 알맹이로
손은 따뜻했다
웃음에 소리 없는 무성음들
산속에 묻으며
있음에 없음을 경험 하면서
없음 또한 있음 이었다

# 바다에 비가 내리면

어둠의 얼굴에 꽂힌 파도
여인의 몸으로 건너와
외로움의 무늬를 그리며
사선으로 창밖에 걸려있다
시간의 구멍에 나들이한 여인
세상을 돌면서 허물어진 몸뚱이
시린 물결을 튕기는 빗방울 소리로
춤추고 있다
동해의 비릿한 바람이
창틈 사이에 입술을 오므려
물방울을 털어내며 목청을 높인다
밤바다에 비가 내리면
파도소리 빈 마음에 쏟아져
서러움들 바다에 내린다

# 철전사 가는 길

산 아랫도리 끼고 도는 계곡물
바람을 불러
바위산을 당기며 청송에 간다
첨벙 허벅지에 물방울 튕기면
산천어가 발가락에 입 맞추고
나뭇잎들 여울에
떼 지어 쪼르르 몰려온다
더위가 맑은 물에 영혼을 씻고
노란 물봉선화 오므린 입술에
설렘이 기웃거린다
계곡물 가르는 철다리의 환한 미소들
즐거움에 햇살도 출렁거린다
아낙의 호객소리에
허리끈 졸라매는 주황산
풀물에 젖은 낮달 하나 푸르다

## 가려움에 들다

땅콩 밭에 가려움이 푸르게 달려있다
풀 메는 팔뚝에 붉은 점으로 앉은
풀독은 불면을 데리고
붉은 유혹의 강을 넘어
손톱 아래 매달린 두려움으로
희부연 새벽에 서있다
일주일의 생에 북북 긁는 소리로
검은 꽃 질 때까지
가려움들 목숨 댕강댕강 이어졌다
피 흘림을 아는지
아픔보다 피 맺힘에 더 시원했다
밥을 삼키면 눈물이 가렵고
우는 사람을 보면 마음이 가려웠다
풀의 욕망이 여자의 몸에 안겨
덩굴의 손
스멀스멀 추억의 몸을 감고 있다

# 가덕도는 지금

2010년 4월
가덕도는 성형중이다
붕대를 칭칭 감은 몸으로
누렇게 던져지는 흙더미가
바다의 가슴을 누르며
수정체는 다이너마이트 소리를
사진으로 새긴다
진달래는 산에 붉었고
갯바위 낚시꾼은 학꽁치의 날렵한 몸짓을
한낮의 삽화로 가두었다
오후 1시
가덕도와 거제도를 잇는 다리와
신항만 건설을 위해
청청 푸른 바다를 메우고
섬의 영혼을 걷어내며
안구에 낯선 소리를 가두는 일에
봉고차로 수많은 인부가 쏟아진다
-한국 최초의 침매 터널 우리가 완공한다-
현수막 아래
가덕도의 운명은 정해졌다

# 꽃대가 그림이 되다

꽃무릇의 향기로 선운사에 선다
구월 중순 단풍나무 숲 아래
풋풋한 가슴을 내밀어
꽃대의 관절을 열면
무성한 풀들 무릎 꿇어 길을 주며
뾰족뾰족 솟은 붉은 살결들
가을의 입구에 밑그림이 되다
꽃잎이 바람의 발소리에 놀라
입술을 오므려 여린 살내를 풍기면
꽃물이 경내로 스며들고
비탈길에 선 동백 숲
기름 뚝뚝 떨어진 지장경소리 듣는다
꽃대 올리는 소리가
얼굴에 눈 꼬리 올리며
미소 띤 그림의 향기로
질마재 마을까지 속속 들린다

# 한산도에서

더위가 두터워진 한 여름
이어지지 않은 한산도와 추봉도의 연륙교에
얇은 구름이 노을을 안아 와
가슴을 붉게 물들였다
봉암산 배꼽에서 만월로
바다에 첨벙 떨어진 달
삭지 않은 채 흔들렸다
마음의 빙벽을 허물며
여울에 절여진 눈물의 그림자
달의 얼굴에 눈물범벅 이었다
바닷물이 발끝을 들어 키를 세우고
백중사리에 해무는 몸을 휘감아
세포들의 잔털을 곧추세웠다
선착장에 파도는 눈멀어 떠나고
별의 뿌리에 엉켜
날개를 흔드는 여자
별똥별로 바다에 잠수한다

# 달빛에 갇힌다

억새가 달에게 걸어가는 동안
여자는 외로움에 흔들린다
빛의 소리에 잠들 수 없어
숲길을 걷고
계곡을 건너면
바람도 숲도 달빛에 갇힌다
움직이는 것은 모두
달빛에 갇힌다
별이 빛을 산란하면
설렘의 조각들 새벽까지 흐른다
계곡물에 숨어
숨겨진 이야기를 쏟아내는 보름달
웃음은 벗은 몸으로
물속을 걷고 있다

## 여차에서

동오산 끝자락의 기찻길과 나란히 흐르는 낙동강에 빗방울 하나 둘 떨어진다. 강 건너 여차의 마을도 빗속에 잠겼다. 강을 건너 올 때 마다 하늘과 강은 잿빛으로 물방울을 뿌렸다. 여차의 대장군과 여장군들 큰 눈을 굴리며 강가를 서성인다. 유년에 강물이 된 친구들 장승의 눈빛에 갇혀있다. 강물을 바라보며 정자에 앉는다. 마음을 강물에 빼앗기고, 물속의 해와 달을 만지지 못한 여자는 노을에 첨벙대는 물고기를 바라본다.

여자의 몸속은
언제나 비를 품는다
흐르는 잿빛의 소녀를 보며
장승의 눈빛이 된 여자를 보며
여차의 강가에 온 몸을 뒤척이며
물결을 줍는다

# 문동폭포

하늘을 빠져나온 소리의 생명이
폭포 되어 바다로 흘렀다
거제도의 한 점에 솟은 문동폭포
마음에 아린 알갱이들
꿈의 조각에 방목된 파편들
폭포의 물보라로 흩어진다
숲의 뼛속에 물을 조각하여
웃음소리 정수리에 이고
칠월 칠석 만남에
폭포 아래 먼저 온 햇살
하늘의 길을 열며
계곡에서 바다로 흘렀다
파도에 던진 몸은
햇살에 업혀 숲의 눈에 매달려
폭포소리 듣는다

# 파도

파도로 살려면 눈이 감겨도
바다의 선은 밟지 말아야했다
울음의 그릇이 필요해
멍하니 하늘을 이고 뭍으로 달렸다
광안 대교의 불빛을 보며
모래 위의 사람들 몸 부비는 소리
바다를 잊은 채
벗은 몸으로 와와 소리를 질렀다
모래에 업혀 하늘을 보면
별빛이 영혼을 삼켰다
가을이 오기 전에
눈과 귀를 씻으며
바람의 씨앗을 데리고
바다로 돌아가야 한다

# 다대포

바위의 얼굴에
노을빛과 사랑의 포자가 수태를 한다
파도가 바위를 흔들면
발끝에 힘을 줘 온몸을 옴츠린다
몰운대의 석양이
바다의 자궁에 자라는 몸을
낱낱이 훑었다
바다의 유전자로 서서
피로 다대포를 수혈 했는데
도시의 분비물이 밀어낸 손사래
삶을 휘저었다
일몰의 추억이 나를 껴안아
낯선 집을 서성이면서
향기만 안고
다대포는 바다에 몸을 눕힌다

# 이별을 심다

겨울의 영혼을 닮은 새가
새벽을 깨우면
밤새 잠들지 못한 손으로 이별을 심는다
여자는 봄꿈을 꾸고 있는데
나목의 속살은 초록인데
인연의 매듭에 엉킨 아픔이
세월에 업혀 하얗게 뒹굴었다
목젖에 걸린 떫은 기억들
스스로 몸을 태우는 여자
슬픔의 비늘로 떨어진다
주파수에 걸린 색색의 이야기
잘린 채 뚜벅뚜벅 세상의 문을 열면
서러움의 꼬투리들
이별의 씨앗을 심는다

# 2부

# 은행나무 가을에 서다

## 은행나무 가을에 서다

지눌국사 지팡이에
우르르 쏟아지는 은행나무 금빛보살들
팔백 년을 적천사 수문장으로 버티고 섰다
검은 곰팡이에 집을 내어준
턱턱 갈라진 몸통
무소유의 법문을 걸고 섰다
팔랑팔랑 노란 금박으로
환환 얼굴에 세상의 인연법을 새긴다
햇살가지도 철렁철렁 노란 쇠소리 데리고
그리움의 빛으로 흔들린다
뿌리에서 올리는 황금빛 물소리
가을의 가슴에 묻히며
은행나무 침대의 짝사랑이
귓속에 노란 이명의 소리로 쌓이고 있다
가을의 몸속으로 사라지는 바람
노랗게 익어 가고 있다

# 쪽빛에 물들다

숯가마에 삼일을 움츠린 조개껍질
석회로 또 다른 생의 모습
바다물의 하얀 뼛가루로
풀잎의 마음을 훔쳐 쪽잎을 만나면
곰삭은 살 내음
혼절의 끝에 쪽의 앙금이 되다
불의 열정에 휜사리들
푸릇푸릇한 생명을 숨기고
쪽 앙금과 잿물에 엉켜
끓는 물이 몽실몽실 하얀 꽃거품을 피울 때까지
당그래가 춤을 추었다
뽕잎과 누에사이의 풍경
바람의 알몸에 한 번 당기면 하늘빛
두 번 당기면 물빛
열 번이면 어둠의 꽃물이 되다
하늘빛을 발효시킨 햇살의 본색
렌즈의 몸속에 들어간 쪽빛 몸뚱이들
비단의 층층에 하늘하늘 살아
하얀 하늘로 서다

# 으악새

달은 숲의 겨드랑이에
벗은 몸으로 춤을 춘다
하얀 이빨 드러내며
으악새는 웃고 있다
세월의 뿌리까지 무너진 몸짓들
밤하늘로 비상하며
산등성이에 별빛의 무리를 만든다
하얀 꽃의 단세포로
겹겹의 씨앗들 바람이 업어 와
별빛의 비늘로 떨어진다
도시의 떠돌던 이야기를 모아
산에서 하얗게 떨며
세상을 향해 악악
악다구니 소리로 울음 운다
달빛 산행에 서걱대는 만남의 인연
바람은 투명의 살 비비며
봄날까지 울었다

# 제3 망루에 내리는 가을

세월이 뚫은 뼈의 구멍들이
아픔과 외로움을 데리고
금정산에 빗장을 걸었다
새벽을 기다리던 설렘
산의 품에 안기지 않으면 하루를 열수 없어
용머리, 촛대바위로 금정산을 올랐다
마당에서 보이는 금정산 제 3망루
잠긴 문은 녹슬어 가는데
발목은 아직 삐꺽거리는데
가을 산의 싸한 바람이 얼굴에 닿으면
가슴은 무너지고
우는 산에 낙엽으로 앉는다

# 노을은 가을에 시리다

시월이 뱉은 숱한 이야기들
향기가 되어 떠내려 온다
낙엽들은 봄을 기억하며 희망을 마구 뿌려
가슴이 팽창해져
낮과 밤이, 산과 계곡이
불바다로 다가온다
함성으로 산야를 흔드는
시월의 젖무덤에 손도 넣고
빰도 쓰다듬는 햇살의 심지 있으나
시간에 절인 서러움은
낙엽으로 가을에 젖는다
노을은 폭죽으로 하늘에서
펑펑 터지고 있다
서녘 불더미에 꽃을 건지는 손
시월의 바람에 흩어져
노을은 가을에 더욱 시리다

# 꽃무릇 · 2

꽃무릇 몇 포기를 스님의 꿈에서 꺼내 온다
마음을 닦을수록 울대가 비치는 푸른빛
여자를 닮았다
가을을 찾아 걷는 꽃잎의 모습
노을 되어 아련하다
꽃물을 훔친 석양
벌컥벌컥 서리를 마시며
시린 추억에 푸른 잎을 키운다
달빛을 바라보며 풍경 밑에 가만히 앉았는데
여린 꽃술의 소리들
겨우내 푸른빛 기억해
한사코 이별이란다
한밤 묻혀오는 고요
달빛 아래 퉁퉁 부은 가을
혼자 푸르게 젖는다

# 가을산

타 올라 붉은 재가 되는 가을산
끙끙대는 소리 밤낮으로 들으며
그림의 가슴에
그대 묶을 수 없었다
뚫린 뼈마디에 바람은 헛발질하며
목까지 차 오른 한마디
두려움이다
바스락거리는 이승의 시간들
생을 불태우는 후련한 소리
몇 번을 더 들을 수 있을까?
산허리의 노을이
그대 마음을 닮아 붉게 떨어진다
숲이 흔드는 이별의 손을 보며
서리와 새벽을 맞는다

# 노천탕에서

하늘이 맨발로 노천탕에 내려와
가을과 함께 춤추고 있다
물은 미립자로 침을 꽂아
온몸의 혈을 움직이며
스멀스멀 기는 혈류를 따라
흙을 덮고 물을 끼얹는 쑥의 향기
뜸으로 살갗을 파고든다
성에는 퉁퉁 불은 물의 얼굴에
영혼과 육신을 담아
아픔의 선을 허물고 있다
물의 몸통은 검은 머리에
물보라로 쏟아져
아로마 향기가 코끝에 꽂히는 소리
뽀글뽀글 노천탕에 엎드린다

# 송도에서

바다가 던져 준 바람의 조각들
방파제 좁은 길에 파도로 달려와
맨발이 간지럽다
갯바위 아래 낚싯줄에 학꽁치 엮이면
햇살에 누워 웃음을 줍는 여자들
세월을 벗고 있다
학꽁치 바다에 찍어 내미는
남정네의 거친 손에
부산 인심의 부드러움을 맛본다
낚싯줄에 줄줄이 피는 야생화
송도 앞바다가 바람에 춤추기 시작했다
수족관의 물고기 야생화 되어
횟집 아줌마 전화기 턱밑에 끼우고
고기의 속살을 뜬다
접시에 앉은 광어, 우럭, 도미
소금꽃에 절인 대가리와 매운탕
혀끝에 향기로 쓰러진다
배부른 갈매기
졸고 있는 송도 앞바다

# 어화의 유혹

달빛이 바다의 계곡에 젖어들면
별은 날개를 접고
칭얼대는 바람을 달래며
바다 속 잠든 눈빛을 깨운다
밤꽃 향기 짙은 욕망들이
집어등과 속삭임을 포개며
불을 밝힌다
어화의 유혹에
오징어 몸통을 꿰어달고
오색의 기를 펄럭이며 뭍으로 달렸다
별빛들이 열어준 길 위에
만선의 깃발을 꽂는다
허둥대며 꿈을 깬 바다는
어화의 유혹 까맣게 잊고
갈매기 소리로 새벽을 열고 있다

# 해운대 일출

어둠에 자동차 빛줄기
꼬리를 물고
바다로 가는 길은 주차장이 된다
언 얼굴은 파도와 바람을 헤집고
물 속 깊이 해의 뿌리를 찾는다
새벽별이 우르르 가로등에 몸을 숨기며
아이가 그린 그림자 밝아져
바다는 웅성거렸다
두 손 부비며 해를 마음에 담고
미소가 말갛게 한 줄로
바다에 앉는다
해에 들킨 발자국
모래시계에 새겨진 이야기
바다는 듣고 있다

## 고향
– 강물

밤낮으로 내린 비가 낙동강에 업혀
범람한 강가에
밀려 온 스물의 새색시
가마니에 덮여 퉁퉁 불은 몸통에서
뱀의 혀가
하얀 얼굴의 주홍빛 입술에 덮쳤다
13살 소녀는 강물의 무서움에
유년을 묶었다
바람이 귓속에 살아
꿈속까지 따라와 윙윙거리고
가슴은 붉은 몸통 꿈틀대는 강물로
언제나 출렁거렸다
낙동강 황토 물을 씻어내는 댐들이
고향의 그리움을 돌려주며
세월의 손이 꿈과 추억에
잔뿌리를 내려
강물에 빠진 노을을 건지고 있다

# 봄날에 수촌에 들다

햇살 위에 앉은 낮달
천태산의 벚꽃을 내내 흔들었다
분분하던 꽃의 가슴에
불을 밝히면
꽃비에 환한 노래가 영상에 갇혔다
봄날의 수촌에
돌담길 골목 위에 목을 뺀 홍매화
담 위에 나그네 웃음을 걸어 놓고
개나리 찢긴 얼굴 나풀대며
색색을 다투어 뒤꿈치를 올렸다
그리움을 찢고
숨 막혀 헐떡이는 노란 민들레 옆에
수선화 세 송이
가슴을 열어 손을 내 밀었다
뒤란의 애기사과꽃
가슴에 붉은 비명의 문신을 새긴다
작은 연못에 검은 개구리 한 마리
순결한 목청의 방울을 울리며
어둠에 한 획을 그어
수촌에 달무리로 밤을 그린다

# 성지곡의 봄

삼월의 뼈 속에 바람의 헛발질로
하얀 꽃이 온 몸을 펼쳐
수원지에 피고 있다
지난여름 바람이 멱 감았던 물위
흰 몸뚱어리 떼 지어 몰려와
세상을 하나의 색깔로 가두어
하늘빛 꽁꽁 얼었다
햇빛과 얼음사이
나무의 핏줄기들 따스한 눈빛 보내며
땅속에 뾰족한 입술 내밀어
봄을 빨아올린다
붉은 몸으로 다리를 하늘에 묶어
웃고 있는 놀이공원
아이들은 하얀 마음을 계곡에 끌고 와
까르르 봄을 풀어 놓는다

# 봄이 오는 소리

유년에 갇힌 온천천의 물빛에
봄의 수다가 쏟아진다
삼월이 바람과 씨앗을 굴려
길가 풀숲에 연둣빛으로 앉으면
꺾인 가지들 물속에 눈을 열어
물고기의 꼬리는
봄에 손을 내민다
오리가 물에 헤엄치는 소리는
추억에 매달린
금정산 계곡의 가재를 찾아
돌맹이 뒤지는 소리로 가두었다
멧새들은 꽃샘추위에 찔린
비명을 당겨
자전거를 타는 어린이와
짹짹 봄을 재촉한다
하늘의 가슴이
온천천의 바닥에 내려와
봄이 오는 소리에 흔들린다

# 봄의 틈에 눈이

봄의 틈을 비집고
하얀 나비들의 춤에 환해지는 세상
물방울들 깃털을 달고
가지마다 소복소복 꽃으로 앉는다
삼월에 생뚱맞은 얼굴이
하얀 헛웃음을 몰고 온다
소나무의 몸은
추위의 족쇄를 푸는 텅텅 소리로
산의 고요를 삼키며
눈의 구멍에 빠진 봄빛은
서러움이다
해의 실핏줄은 하얀꽃 걷어내고
연둣빛을 묶고 있다

# 수련

용궁사 앞뜰의 수련은
돌절구에 꽃봉우리로 앉아
그리움의 낱말을 파도소리에 묻으며
하늘이 펼치는 노을을 보고 있다
비구니의 미소를 훔쳐
맑은 물에 헛배를 채우며
발끝 들어 꽃봉우리 올리려다
노란 다알리아 큰 얼굴에 놀라
잠수하고 말았다
마음에 불꽃을 당겨
숨을 모아 입술 깨물며
돌이 품은 물속에
꽃의 손 버둥대다 줄기를 밟았다
등을 밀어 줄 뿌리는
용궁사 해수관세음보살
미소 뒤에 숨었다

# 삼월에 내리는 눈

하얀 보자기에 삼월이 앉았다
철없는 여자도
흰 치마를 벗어 산을 덮었다
소녀의 묘비에
서러운 마음과 원망이 앉아
눈물로 줄줄이 하얀 꽃이 피었고
칼바람이 가슴을 헤집어
붉은 점이 뚝뚝 그리움에 퍼졌다
희고 붉은 색색의 삼월이
눈꽃에 내리면
입술 푸른 봄빛이 햇살을 불러
남겨진 마음에
생명의 씨앗을 뿌린다

# 파도의 얼굴

바람의 비늘이
바다의 가슴에 뛰어 내린다
구름의 갈기가 감아올린 치맛단
천의 얼굴로
걸을 때 마다 붉은 해를 밀어
땀샘의 물방울로 태어나는
파도의 씨앗들
안개의 속살에 묻혀
바다에 날개를 단다
전생에서 따라 온 세포 하나
투명한 여자의 몸을 열어
파도의 행간에 이야기로 쏟아낸다

# 바다의 길

짙은 안개는 새벽강의 숨소리로 깨어난다
여자의 안타까운 눈빛은
강물에 일출의 꿈으로 꽂힌다
유년의 강물에 휘몰이 장단에
철길을 따라 고향을 떠났다
강물 위로 퍼덕이는 잉어들
바람에 꺾여 절룩이는 풀잎들
절망에서 깨어나
이제 물의 깊이를 아는 여자
영혼을 건지는 무당이 된다
물속 마을의 영혼들 강물이 되고
햇살에 낙동강과 여자는
하나로 흘러 바다로 걸었다

# 이별편지

여자의 온 몸이 물렁거렸다
머리에 돌연변이 세포가 자라
눈물샘을 뚫는 꿈이
물방울 뚝뚝 보내드니
하얀 백지위에 마구 뒹굴기 시작했다
가슴에 꽃불을 피워
복숭아 붉게 열리며
한 입 베어 문 자리에 벌레의 속살이
단백질의 미끄러운 맛으로
물컹거려 혀를 쩝쩝 거렸다
창살에 몸을 묶은 여자
달빛의 흔들림에
손가락에 물갈퀴가 생겼고
바람에 엉킨 아픔의 소리들
깨알로 새까맣게 쏟아졌다

# 이별여행

잎새와 꽃은
시간의 다리를 마주보며 건너고 있다
여름과 가을로
만남 없는 이별로
잎들은 제 몸을 녹여 뿌리로
속속 꽃대를 밀고 있다
마음과 몸은 떨어져
물이 올라 터질듯 붉은 피 흘려
불을 붙이는 시간
잎을 잊지 못한 꽃대들
아픔의 흔적에
몸살을 앓고 있다
불갑산 등성이에
불붙은 꽃무릇들
이별여행을 시작한다

# 3부

# 풍경화로 접히다

# 풍경화로 접히다

가포 앞바다는 향기에 젖은 찻집이다
해초더미에 엉켜
부화되지 않은 그리움의 알을 품은 바다
액자에 앉은 소녀
생의 기억에 바람으로 새겨져
소리로 와르르 쏟아져도
색색의 상자는 열리지 않았다
가지를 뻗는 언어의 밭에
시간의 싹을 자르면
바람의 손가락이 갈피없이 춤을 춰
파도는 하얀 날개를 주렁주렁 단다
비명을 갉아먹는 물방울들
창틀에 부딪쳐
펴질러 놓은 세상의 이야기
바다로 흐르면
눈이 파란 소녀는 언제나
풍경화로 접히고 있다

# 석류 · 2

토담 위 달빛은 더위에 옷고름 풀고
휘청거리는 가지에
바람이 조심스럽다
농익은 가슴 턱턱 터지는 붉은 소리
담장위에 걸터앉는다
석류 집 누나를 훔쳐보는
눈길 요란했던 여름날
살결을 열며 우드득 작살내는 까치 떼
석류 알이 쏟아지고
달은 심장까지 파르르 떨며
마음만 둥둥 말을 잊었다
붉은 수줍음에 새벽을 안고
사라진 누나
여름이면 깨지 않는 꿈속에
하얀 모시옷의 박꽃으로 피어난다

# 처용암

헌강왕이 거닐던 개운포의 끝자락
푸른 눈의 처용을 만나
신라의 말발굽 소리 듣는다
처용암은 뿌연 안개로
바다를 감아 안고
춤추는 무당과 아라비아 상인은
용왕의 아들을 위해
처용무의 가면 속에 울고 있다
이불 속에 가랑이 넷이라
아내를 흠모한 역신의 동침도
달의 밝음이 죄이거늘
마음 다스리는 노래와 날갯짓 춤사위
처용의 용서와 배려가 사랑 법이다
연기법이 설화의 배경을 신비로 이끌고
무녀들의 북소리에
제당을 지키는 왜가리 가족들
기를 모은다
소금 꽃이 앉은 적송의 살갗에
솔보굿이 나이테로 두텁다
발밑의 해국은
겨울바람에 남루하여
숨소리 비벼 맑은 바다에 몸을 숨긴다

# 서운암의 봄

찻물에 온몸이 푸른 여인들
화엄에 둥글게 빚어진 여여한 얼굴로
붉게 발효했다
봄빛은 방안의 차향에 젖어 무지개 빛이다
'쑥을 캘 때는 남의 보따리를 보지 말고,
엉덩이를 움직이지 마라'
영혼에 엉키는 그 범문
마음에 살포시 들어와
생의 길에 부끄러움이 앉는다
어린 쑥은 정진의 살이 붙어
향기도 무 였다
쑥의 소쿠리에 붉은 열정들
설렘의 봄빛들
햇살 가지로 실크 빛이다
서운암 장독대에 여자로 앉아
봄은 묵언정진 중이다

# 금산사

천년을 살다 부처로 태어난 나무
세상이 꽁꽁 언 날
목와불, 부처의 몸속에 들어간다
감로단의 칠 여래불
목 탱화 아래 두 손을 모았다
극락전의 백 팔 아미타불
환희심의 길 위에
삭발한 붉은 몸의 여자 전율로 섰다
세상을 비추는 인등의 눈앞에
생의 누적된 빚은
와불의 금옷에 길이 있다는
보살의 목소리
순간에, 긴 밝음을 끌고 밖으로 달린다
도시철도 계단에 엎드린
얼룩진 육신의 부처에 길들여진 여자
천년 목어의 비늘이
물결에 흔들리는 소리
빈 마음에 감긴다

# 표충사의 꽃무릇

표충사의 대숲아래
꽃무릇들 불덩이로 솟아
손에 꽃불을 밝히는 부처로 앉았다
옥잠화의 등 뒤에서 고개 내민 꽃무릇
윤 칠월 삼사순례에
발자국 어지러운 보살들
입이 헤헤 거렸다
엿장수의 모자와 옷에 꽃물이 떨어져
각설이 타령과 가위의 장단이
씨방을 밀어 올린다
불갑사 꽃길에서 따라 온
연초록 꽃대가
타오르는 가슴에 젖어
심장을 파르르 떨며
이별의 법문을 펼친다
잎 없는 꽃 등불 수런거린다

## 수애당

댐의 등껍질에 가뭄의 문이 열려
물속 마을의 길이 보인다
길의 주름은 붉은 황토얼굴로
임하호에 가지를 뻗었고
기와 날개에 살 오른 풀꽃은
그리움의 뼈를 물속에 묻고
수애당 사립문에 앉았다
돌담아래 박하꽃 코끝에 맴돌며
아이들의 웃음소리 밭고랑이 푸르다
물속 마을의 할아범 첨벙첨벙 물 밟는 소리
햇살 끝에 매달린다
고사리 손이 물결에 흔들리며
옛 이야기에 모여든 어린별
모깃불 속에 기웃거린다

## 새만금 장승제

해창 갯벌을 지키던 수호신
발을 묶어 새만금 장승으로 뿌리 내린다
붉은 울분과 검은 죽음에
온 몸을 휘감아 갯것들을 깨우는 외침
한의 소리로 풍악이 울렸다
생명의 여신과 한 몸 되어
부안 사람들 솟대로 색색의 깃발에
희망을 그렸다
반지락 농발게가 울부짖는 소리
갯벌의 천하대장군 지하여장군 발아래
항아리 가득 염원들 묻었다
눈 부릅뜨며 나무장뚱어 앞세워
여의도까지 고향의 소리들
3보 1배로
태풍의 출구를 향해 걷고 있다

# 각진국사의 부도비

불갑사 대웅전 귀퉁이에 앉은
투박한 돌거북
중생의 웃음 건지려 찡긋 눈을 맞추다가
턱뼈가 빠져 웃음이 박혔다
거북의 등에 앉은
각진국사의 부도비에 눈길 주며
부리부리한 눈을 가진
용마루의 도깨비가 법문을 설한다
불사의 기계톱 소리도
웃음에 녹으며
등뼈를 곧추세운 보살들
법문에 귀 열어
국사가 열어 준 자성불로 걷는다

# 탱화 속에 탑을 돌며

세월에 흔들린 깃털로
탱화 속에 탑을 돌고 있다
바람의 손이
목 줄기의 등을 후리치는 소리로
어제와 내일을 잊고
영혼의 생명인 여기 이 자리를 부둥켜안았다
겹겹이 쌓인 혼의 거드름을 닦지 못했다
가슴과 입에서 줄줄이 피는
분노의 조절 장치를 감지 못했다
바람의 가지가 풍경소리를 키워
마른 꽃잎들
그림자의 흔적을 지우며
탱화 속에 구름으로 만난다

## 무열왕능의 석수

왕과 왕비의 미소에 업혀
부리부리한 눈으로
석실 앞에 앉은 상상의 동물
은밀한 왕의 마음이
토지신의 눈에 빛으로 스며
가슴 쿵쾅거리며 무열왕능 앞에
일천 오백년을 살았다
얕은 산자락의 달빛 속
등의 갈기를 세우고
악귀를 쫓으며
막힌 콧구멍과 귀에서 쏟아지는
주문을 중얼거렸다
응회암의 살갗으로
어둠을 삼키는 혀와 소리를 보는 눈
맛을 쩝쩝거리는 귀가
얼굴에 엇박자로 삐꺽거리며 소리를 낸다
회오리가 치자 불멸의 시간에
사람이 휘젓는 칼끝에
방황을 끝내고 잠에서 깨어난다

# 석굴암

석굴암의 일출은
부처님의 얼굴에 꽂힌 하얀 미소다
만남의 인연이 없어 감춰진 해맞이
안개가 빽빽이 고개 들어
토함산을 지우고
생의 비릿함을 감추며
풀 먹인 무명천에 갇힌 동해
몇 번이나 해의 무덤과 안개길 걸었다
탱탱한 시간에 갇힌 열망이
시간의 부스러기 앞섶에 안고
동해의 붉은 알을 품는다
세월에 누운 열아홉 순정이
바다에 기쁨을 방사하고
일출에 켜켜이 쌓인 소원을 걸어놓고
눈부신 새벽바다에
입안 가득 햇살을 감는다

# 반계마을

달빛은 시린 정족산 가랑이를
부여잡았다
길을 잃은 낙엽의 그림자들
산길에 누워
어둠을 찰칵찰칵 찍고
여자가 품은 보름달은
째지도록 눈이 시렸다
어둠의 살결은 계곡에 누웠고
여자는 나신으로 달빛에 춤을 추었다
계곡물 소리를 퍼 담는
왕비별, 공주별, 무수리별
그림자놀이에 밤이 지샌다
반계마을은 달의 살결로
여자의 가슴에
문신으로 박힌다

# 탈놀음

소고에 채를 툭툭 치며
한의 소리를 몸짓으로 풀고 있다
머리에 불끈 맨 누런 수건
뒹굴며 자빠지며 전생을 찾아
울부짖는 문둥탈
죽음에 기생한 20년 세월이
한의 울부짖음에 눈물이 줄줄 흐른다
뭉텅하게 솟은 코와 이빨
그리고 부리부리한 눈
하인 말뚝이 탈의 거만한 거동에
대부인을 사통했다며 양반탈을 조롱한다
본능에 내밀한 상놈의 힘에, 짜릿함에
가슴이 뻥 뚫린다
영노라는 전설의 새가 날아오자
알몸을 가리며
민중이 빚어 낸 굴절에
벼랑을 찾는 양반님탈
할미탈과 재대각시탈의 시새움에
어머니의 어머니들이
앓은 화병에 쓰러지는 할미탈

오구굿의 상여소리가 가슴에
슬픔으로 퍼진다
정월 대보름날 횃불에
들불에 굿거리장단에
느릿느릿 추는
네 마디 덧배기 춤사위에
슬픔과 희열과 한을 풀어내는

# 사신의 현물을 훔치다

세월이 사는 아늑한 방에
왕과 왕비의 그림자와 발자국이 어지럽다
시간의 손이
신에 조아리는 내 몸을 분해했다
빛나는 손을 가진 벽돌공과
송산리 왕능의 통로를 걸으며
왕이 죽은 시간부터 오늘까지 시간을
송두리 채 잘라낸다
연주 문양이 빼곡한 벽면 사이
하얀 분칠로 천오백 년 살아온
청룡과 백호, 현무와 주작을
좌뇌에 문신으로 새긴다
토지신이 붉은 햇살로 등줄기에 올라
돌의 그림자로 잠들면
산자만이 씨를 뿌리는
깨어있는 자만이 사신의 현물을 가지는
한여름 밤의 꿈
청동 거울에 갇힌 백제의 여인이
윤회생사로 금부처와 왕관을 훔쳐
세상의 눈에 금박을 입힌다

# 운흥사지

정족산에 숨은 운흥사지
얇은 얼음 위 노란 들국화
오형 피를 수혈한다
흩어진 기와와 돌무덤에 보름달빛
알몸으로 누웠다
세월이 별빛을 데리고
입 큰 주발에 웃음을 퍼 담는다
고승들이 펼친 법화경의 법문이
운흥사의 빈터에 닿아
마음들 모여 깔깔 웃으며
법문을 듣는다
윤회의 길목에 살아 온 발자국에
웃음을 한 뜸 한 뜸 삭히며
어둠의 깊이를 재 본다

## 경흥사

청도 온천에 둥둥 뜬마음
가을햇살에 말리며 경흥사에 앉는다
산야는 불타는데
동학산 계곡은 계절을 잊은 듯
파란 은행잎 한들거린다
대웅전 단청의 맑은 눈
붉은 가을이 그림으로 아른거린다
큰스님들 정좌한 부도 탑에
느티나무 잎 후드득 무릎 꿇으면
너는 어디서 왔는가?
신라의 법문을 펼치는 고승
세월을 이긴 풍경소리
세상의 인연을 지우고 있다
가을의 햇살을 접어
한글 천수경 외우며
명도전에 무릎을 꿇는다

## 정래문

죽림문안에 스님들 미소로 자란 꽃무릇의 꽃대와 노란 상사화 두 송이, 불갑사에 피었다. 꽃무릇 볼 수 없음에 이상기온 탓하며 돌아오다, 오백년 전의 내가 정래문에 있었다. 온 몸으로 느끼는 전율과 당황함. 멈추지 않는 전생의 길을 가는 두 다리. 후시미 성에 포로가 된 강항의 사랑. 2년 동안 달빛과 들판에 뿌렸던 정화수가 칠산 앞바다에 꽃잎으로 떠있다. 그가 하늘로 떠나자, 목까지 차오른 외로움의 기억이 두려움으로 식도를 막았다. 죽음이 절개가 되어 대산서원 입구에 정래문을 세웠네. 꿈속에 내내 두 여인의 그림자를 밟고 있었다.

애틋함의 씨앗이 몸속에 남아
여름의 끝자락에 꽃무릇 되다
잎과 만날 수 없는 인연
불갑산에 흐드러지게 피어도
그리움이 칠산 앞바다에 밀려와
외로움이 뼛속 깊이 떨고 있어
나 여기 살지 못하네

# 갯벌이 땅으로 서다

새만금 갯벌의 해설피에
계화산을 배경으로
흑두루미 다섯 마리 날아간다
청태가 갯벌을 덮었고
동진강의 담수가 염도를 낮추어 엎드렸다
잔잔한 파도와 노을아래
먹이 사슬의 끝마디인
좁쌀 무늬고동의 수관이 바쁘게 움직이며
살찐 백합은 푸른 녹조에 자리를 주고
생명의 발자국소리 멀어져
갯벌은 땅으로 서서 떨고 있다
흙의 뿌리로 막힌
슬픈 이야기는 바다에 떠 있다

## 몸은 넘쳐흐른다

무기수의 우뇌에 종신형의 문신을 새긴다
꽁꽁 언 마음은
철문의 벽에 부딪쳐
휙휙 바람소리로 지나간다
20년 세월에 문신은 사라지지 않았고
햇살은 출렁이는 육신에
새싹을 틔우며
물렁한 가슴에 다른 모습의
파도로 밀려왔다 사라진다
가시덤불을 삼킨 세월은
열꽃을 피우며 세상에 넘쳐흘렀다
기도로 앉은 꿈
동그라미를 그리며 자유인 되어
하늘로 바다로
몸은 넘쳐흐른다

# 흰요셉

시간에 눈먼 소년은
안개에 휘감겨 꿈을 버렸다
고아원 뒷담에 새겨진 이름은
비에 씻겼고
신음소리와 뒷골목 핏방울이
상형문자로 온 몸에 문신을 새겼다
지워지지 않는 흉터
수물 여섯 조각으로 흩어진
소년원의 10년
발가락에 자라는 독버섯을 뭉개며
밤이면 꿈틀대는 문신이
몸 구석구석을 누비는 벌레로
벽과 천장에 누웠다
흰요셉, 생뚱맞은 이름으로
흰돌에서 마리아를 만나
미소가 눈부셔 보이지 않는 문신
부끄럼에 얼굴을 붉히며
흰요셉 소년의 이름이 눈부시다

# 보름달을 건지다

윤칠월 백중사리 물때에
달을 건지려 일광 바다에 섰다
수평선의 구름 떼가
보름달을 삼켜
하늘과 바다는 어두웠다
발목에 부딪치는 파도
모래가 묻은 손
계수나무 잎이 달빛에 젖기 전
달을 삼킨 구름이 월계관을 만들었다
돌아오는 길의 오륜대
물고기는 등을 달빛에 말리고
불덩이 가슴에 타 올라
여자는 온몸으로
투망을 던져
뚝뚝 흐르는 달을 건졌다

# 기름을 닦는 손

퉁퉁 부은 다리를 안고 버스는
새벽을 달렸다
6시간 후의 서해안 천리포 해안
기름에 뭉쳐 나뒹구는 바위
자갈을 보자기에 문질러 닦는 슬픔의 손들
바다는 다리를 들고
엉덩이를 들고
뒤틀린 내장을 자꾸만 쏟아놓았다
추위에 경련된 손놀림
바다의 가랑이 사이사이에
게의 속살이 검은 죽음에 묻혀 있었다
여자의 독기가 두 손에 엉켜
부직포 구멍구멍에 분노로
기름을 감아올렸다
노란 우주복에 마스크
고무장갑과 고무장화가
흐릿한 일몰에 깃들고
밀물이 해안가에 몸을 풀자
사랑의 젖을 물고 잠드는 바다
기름을 닦은 여자는
파도 끝에 앉았다

# 고향

– 봄

도시의 어지러움에
세상의 똥물 뒤집어 쓸 때
고향에 가는 기차를 탔다
동서로 낙동강이 흐르고
그 물빛에 몸 씻어
매봉산에 올랐다
비닐하우스에 딸기와 채소가 쏟아져
감자와 땅콩은 낙동강 모래에 숨었다
매화, 벚꽃, 진달래와
야생화 지고 피고
무척산, 만어산, 천태산
마음은 분홍빛에 물들다
바람이 산야에 몰려와
뚝방에 앉은 가슴
자운영 꽃잎 되어 출렁인다
강물은 흘러도
고기는 떠나지 않았다

## 고향
– 가을

산야의 낙엽에 내린 노을이
강물을 덮쳤다
고향의 둑길에 앉은 여자
유년의 물결이 온몸에 쏟아져
물고기로 붉은 서쪽 하늘에 퍼덕인다
석양의 비늘이 줄줄이 떨어져
강바닥의 진흙에
꼬물꼬물 손놀림의 흔적들
초등학교 과제물의 탱크며 군인들
낡은 색깔로 이야기를 조잘댄다
어둠이 강물에 내리고
뺨의 물방울 바닥에 떨어진다
몸에 갇힌 가을의 기억
산자락을 헤집고
강물의 눈에 안긴다

# 이별에 흔들린다

바람의 뼈가 숭숭 구멍을 뚫어
골다공증에 울부짖는 으악새
그믐밤의 눈에 짓눌려 하얀 꽃을 피웠다
들국화가 삼킨 달의 살결
퍽퍽 노란 종기로 터진다
달빛은 휘청거리는 다리로
그리움의 씨앗을 뿌리며
이별에 발맞추지 못해 등신불로
밤을 밝힌다
모래톱은 계곡의 몸에
그림으로 앉아
시월의 달빛을 흔들었다
댐의 몸에 숨은 전설
외로움에 젖은 얼굴로
여울에 꽃무늬를 그리고 있다

# 4부

# 소녀야 차 마시고 가자

# 소녀야 차 마시고 가자

어디서 왔는가, 길이 없는데
소녀는 종달새가 되어
아침부터 포로롱포로롱 날고 있다
손톱에 겨자씨눈만한 봉선화 꽃물 보이며
비와 함께 첫눈이 왔다고
세월을 빚어 활짝 웃음을 보낸다
유년에 빗물로 업혀 기차를 타고
바다로 떠난 소녀
정거장의 꽃들은 바람에 쫓겨 철길에 흩어졌다
바다와 하늘사이에 기억이 쏟아져
추억의 푸른빛 소녀
가포 앞 바다에 섰다
찻물을 식히는, 우전차 내음이 향기로 익어
차상 앞에 마주 앉은 소녀는
음악소리에 꿈틀꿈틀 날개를 달며
창문을 열어 바다로 날았다
차가운 바람에 젖은 깃털로 돌아와
날개를 펴 보이며 온 몸이 환해진 소녀
초겨울과 햇살사이의 침묵
바람과 바다사이의 파도소리
소녀야 차 마시고 가자

# 홍시

하얀 성에로 단장한 홍시 하나
여름날 접시에 담긴다
검고 무딘 먹감나무 고목에
기를 쓰고 매달렸더니
그 열정 식히려
육 개월을 냉동실에서 묵언정진 했다
혓바닥을 달콤하게 녹이는 저 미소
먹을수록 양미간을 때리는 차가운 성미
조각으로 몸이 잘려도 붉게 사각거리다
서러움에 담긴 풀벌레 소리
붉은 마음 비치는 속옷을 걸치고
이별의 가을 길 걸어 와
쟁반에 앉아
배시시 웃고 있다, 저 홍시

# 전화

첫사랑이었다는 말에 전화를 끊었다
누군가의 가슴에 간절함으로 남은
기억을 뒤지다
눈을 감으니 희뿌연 줄무늬다
한번도 불지 않은 남풍에
베란다 문을 열었다
잡초 사이에 풀꽃이 보이며
바람에 따스한 햇살이 내린다
바닷가의 파도소리에
신열이 들떠 풍덩 손을 담가
시골국수를 건진다, 젓가락도 없이
벌거숭이 아이들의 이야기를
파도가 다 들어준다, 파랗게 더 파랗게
울퉁불퉁한 창틀에 먼지를 닦으며
행여 남풍이 보일까
유리창을 닦는다

# 붉은 사랑

꽃잎의 눈이
향기와 소리가 가득한 화폭에
사랑을 열어
붉은 몸 꽃피고, 피고 있다
설렘 닿으면 알알이 터지는 석류
심장을 찌르는 아찔함
침샘을 자극해
스스로 붉은 입술을 토해 놓고
탱탱한 살결이
세월의 강에 흐느적거리는
여자의 눈에 안긴다
나비와 기러기 한 쌍의 비밀
말랑말랑한 장미의 가슴에
출렁, 아픔의 이야기를 껴안아
닫힌 문 밖에 여자는 홍등을 켠다
퍼내도 퍼내도 남아있는
노을에 뚝뚝 흐르는 사랑의 포자
시간의 문을 잠건 채
여자의 몸에 안긴다

## 부르는 이름

자귀나무에 달빛이 앉아
숲에 헤매는 바람을 기다린다
계곡물 소리에 달빛의 유혹에
꽃은 피려는데
영혼이 물에 갇혀
슬픔의 싹을 틔우며 부르는 이름
나비는 바람에 긁힌
날개의 상처를 보듬고 부르는 이름
계곡물에 거물을 친 달
달빛에 숨은 가슴 혼자 부르는 이름
꽃잎을 피우려 바람이 분다
퉁퉁 불은 달의 눈
나무의 수관에 들어와
목이 길어진 꽃이 된다

# 창

욕망이 가슴에 꿈틀거려
시간을 한 겹씩 벗기는 부리로
새벽을 여는 새
숲이 없어 아파트 옥상에
더부살이하는 황초롱이의 수모
화분에서 울타리로
이사 온 스무 살의 비파나무
오십 년을 숫총각으로 사는 은행나무
놀이터 의자에 앉아 손전화에
말을 쏟아내는 남자
살내 진한 몸뚱어리 툭 떨어진 무궁화 꽃들
아이의 마음에 달콤함을 전하려
올망졸망 매달린 방울토마토
해살에 그을린 직박구리
조잘대며 회갈색 꽁지 흔들며
창문에 계절을 그린다
눈부셔 보지 못한 창밖
천상의 목소리가 붉은 속살로 떨어져
창안과 밖을 비켜가는 말들
마구 쏟아진다

# 달의 여자

산꼭대기에 줄줄이 걸린
붉은 노을이 뚜벅뚜벅 어둠에 걸어가
달빛에 흔들리며 색을 걸러낸다
초록을 쏟아버린 가을
바람은 숲의 심장에
노란 이별을 심는다
여자는 달의 몸을 휘감아
추억의 씨앗을 뿌리고
만월은 빛의 가지를 계곡에 꽂아
바람의 열매를 단다
계곡의 길을 만드는 달의 여자

# 가슴에 열린

세포의 변종이 임파선에 업혀
유선을 따라 가슴에
달콤한 유혹을 품는다
한 알이 빨갛게 부풀면
꽉 찬 알들이 침샘을 자극하여
석류가 가슴에 열렸다
화살로 온몸을 명중시키는
방사선이 세포의 샘을 차단하고
수술 칼이 흰 침대 위에
붉게 물감을 뿌린다
이어지지 않는 머리카락 와락 뽑아져
한 알, 한 알 알맹이가 터진
발효된 홍초
나올 길을 잃어 서성인다
여자는 사방이 하얀 벽에 감금당한다

# 억새는 외로움에 흔들린다

달이 여자의 몸에 숨으면
억새는 외로움에 흔들린다
달빛의 웃음소리에 잠들 수 없어
숲길과 계곡을 건너면
바람도 물도
움직이는 것은 모두
달빛에 갇힌다
숨이 멎자, 별은
빛을 산란하며 쏟아진 웃음을 남긴 채
새벽까지 흐른다
계곡물에 안겨 향기를 뿜는 여자
알몸의 보름달에 갇힌다

# 달을 자르다

달의 가슴에 한 획의 섬광이
순간이다, 덩실 어깨위로 원을 그리며
닫쳐진 문을 향해
세상의 찌꺼기를 붉게 비워내는 칼날 끝
호수에 갇힌 달은
두 동강 난 채로 뒹굴었다
어깨에 쏟아지는 붉은 이슬
외마디 소리와 하얀 포말이 물속에 잠긴다
달 여울은 숨어들고
육신과 영혼이 떨어졌다
열린 귀에 들리는 서쪽의 선소리
절벽에 떨어진 세월을
여자는 무딘 칼날로 자르고 자른다

## 여자는 별이 되다

암 세포가 줄기로 뻗어
붉은 꽃송이 만발해
몸속 정원을 만들며
밤하늘에 별로 몸을 던진 여자
세포 하나하나를 사랑한 여자의 몸
눈먼 질투가 내장을 흔들어
하늘의 구름이 되고
바다에 피는 별꽃이 되어
파도의 이야기를 듣는 바람이 된다
딸의 꿈에 파랑새로
자유인 된 소식 물고 갔는데
영안실에 울고 있는 딸 알지 못했다
고통도 죽음도 공짜가 아니다
영혼의 날개를 싹 틔운 여자
밤마다 딸의 손을 잡는 별이 되다

## 송도 앞바다

하얀 벽의 암 병동
1013호, 낮게
세상의 흐느낌보다 더 낮게
엄마의 가슴에
눈물의 바다가 길을 열었다
송도 앞바다의 깊은 밤
솟아오르는 힘의 빛을 바다에 뿌려
밤배는 별꽃으로 만발했다
병동에 이어진
하늘과 바다는 꽃밭이 되고
엄마의 가슴에는 나팔꽃을 심었다
하얀 벽에 올라 온 꽃줄기
야윈 엄마의 얼굴로
창틀에 높게 매달려
아침이면 색색의 꽃잎을 열었다

# 삼월에

낯술 한 잔에 업힌 산은
눈에 열기를 품고
불그레한 얼굴로 숲의 움에 다가갔다
함박눈이 삼월의 상자를 열었다
하얀 슬픔에 놀란 가지들
심장에 대못을 박는 줄 모르고
씨눈 뒤에 숨어 설렘의 가슴으로
하얀 눈꽃 넝쿨 채 피웠다
은빛 바다와 하늘이 엉켜
소심한 연초록 눈보라에 흔들린다
서리꽃은 햇살의 유혹에
몸을 흔들어
하얀 꽃물을 토하며 숨이 멎었다
어둑해진 산비탈
앙다문 입술로 배를 내민 제비꽃
봄의 뿌리는 다시 속옷을 꺼내 입는다

# 파도상자

몇천 년 전의 바람이
바다와 몸 부비며
하얀 춤이 엮은 몸짓을 쏟아낸다
바람의 팔뚝에 매달려
물보라에 빛으로 솟아
여자의 눈에 그림이 된다
찢긴 몸 흔들며
천의 얼굴을 가진 파도
이름을 짓고 색깔을 나누면
세월의 담이 우르르 무너진다
파도를 납작납작하게 칼로 썰어
여자의 가슴에 밀어 넣고
파도끼리 부딪치는 소리
하얀 상자에 메아리로
부산타령을 흥얼거린다

# 고향

– 노을

붉은 잎들이 뿌린 노을
꽁꽁 언 여자의
첫사랑을 퍼 담는다
항아리의 물빛에 갇힌
투명한 하늘은
도끼날을 세우고 눈을 부라리며
온몸을 부풀려
가을의 심장을 터뜨렸다
핏물이 번진 붉은 산의 주머니에
쓸쓸함과 서러움이 내린다
타들어 낯선 강의 살빛
고향은 낙엽에 흔들리며
여자는 일몰의 강에
빈집을 짓는다

## 도시의 얼굴

전철의 찬바람이 고된 일상을 삼키며
땀에 찌던 셔츠와
안경이 감춘 눈과 턱의 근육을
무릎 위로 자꾸만 당긴다
다리는 타이어 조각에 업혀
노래에 몸을 끌고 가는
동전소리에 눈이 달린 지팡이를 두드리는
절룩이며 불룩한 배를 내밀어 차비를 구걸하는
거리의 얼굴로 매달린 사람들
오백 원의 동전 하나와 연민이
팽팽하게 줄을 당긴다
수십만 개 전자 칩의 스크린에 홀려
오른쪽 화살표를 따라, 연산동
지하 108계단의 등뼈를 가로질러
걸을 때마다 식초 냄새를 풍기며
오른쪽 어깨가 기울어진
그림자 없는 도시의 얼굴
흔들리는 하루에
한없이 휘청거린다

# 천사가 웃다

손 전화에 천사가 웃으며 걸어 나온다
파도위에 서서 손가락으로
비발디의 봄을 불러 연두색을 뿌린다
발가락과 손으로
백조의 호수를 치며
상처 난 등에
날개를 심어주는 천사
어젯밤 바람을 불러 초록을 지우고
가을 산의 팻말을 붙이며
붉은 물감을 밤새워 풀었다는 아이
씨줄과 날줄로
가을의 겉옷을 만드는 아이
꽃밭의 개미와 노래하며
세상 가득 웃음을 채우는 아이
십자가 아래 기도로
영혼에 깃털을 달아주는
여섯 살의 딸의 딸

## 은교의 일기
### - 짐보리 가는 날

짐보리 가는 날
주름진 할미*의 손은
13개월의 몸에 맞는
고래심줄로 우주복을 만든다
씨앗이 껍질을 깨고
툭 싹을 틔워 믿음의 꽃이
나의 몸을 감았다
뛰며 넘어져 흔들며 엎어져도
바닥이 솜털 구름되어
할미의 손은 꽃으로 웃었다
놀이동산에 친구와 엉켜
발이 공중을 휘저었다
친구야 등을 밀지마라
할미의 손에 번개의 줄기가 이어져
전기를 뿜어낸다
짐보리에 할미와 가는 날은
온 몸이 뜨거워져 키가 쑥쑥 자란다

*할미 : 할머니를 13개월의 내가 부르는 말

# 차 한 잔에

들국화 세 송이 춤추는 찻잔 속
하늘이 담긴 샘물
따스한 물빛에
가슴의 설렘 향기로 앉는다
잉태의 신비가 야생화 목젖에 숨어
뽀얀 솜털 흔들린다
누른 들판이 뜨거운 가슴 가져와
붉은 산에 몸을 숨긴 가을
국화차 한 잔 핏줄에 돌아
퐁퐁 맑은 인연 건지며
봄의 기억을 깨우며
사각사각 소리로
숲의 발아래 누워 있다
가을의 풍경은 차 한 잔에 안긴다

# 가로등

이별의 몸에 뒹구는 달빛
아스팔트에 밤새워 울고 있다
붉은 불륜의 꽃
밤의 가슴에 흐드러지게 피면서
새벽 물안개에 사내는
젖은 어깨를 움츠리다
가로등에 제 몸을 숨긴 달
하얗게 그림자 되고
아린 속살에 묻힌
맑은 핏방울 머리위로 떨어진다
여자의 몸에 관통한 외로움의 가지들
서러움의 싹으로 자랐고
빌딩 숲에 자라는 이별을 보면서
춤추는 불면
가로등에 업혀 뿌리 내린다

# 벤자민 울다

여자의 게으름이 마른 뿌리에 쌓여
색깔이 죽어간다
종일 푸른 입술을 열었다, 닫았다
열대 지방에 태어나
여기까지 왔는데
푸석한 얼굴로
추위에 떠는 뿌리를 안아
햇살위로 손가락 뻗고 있다
꽃샘추위의 발자국 소리에
놀라 움츠릴지도 몰라
목마름의 가지들 바람에
업혀 사라질지도 몰라
온 몸에 핑계만 길들여져
초겨울부터 어깨가 얼었고
지나던 사내가 뚝 친 허리에
척추의 뼈 어긋나 구멍이 뚫린거야
큰 소리로 울면 봄이 올지 몰라
노을이 누런 잎들을
자꾸만 뒤돌아본다

## 1235호

자기 세포의 방어기제로
췌장의 길에 뿌리 내린 분홍빛
꽃무리로 피었다
장기는 향기에 취해 눈을 감는다
붉은 세포는 포자를 마구 뿌려
핏줄의 숲을 흔들며
죽음의 잔뿌리를 온몸에 심어
색색의 세포들이 점하나에 쓰러진다
여자의 몸속에 만개한 꽃이
풍경을 게워내며
연결된 전선이 끊어졌다
펄럭이는 유언비어를 돌려주고
초록돌기의 염색체를 숲에 보내
연초록 새싹을 키운다

# 알약이 모자이크 되다

숨을 쉬면 피리를 부는 코
뇌의 숫자들이 빠지는 소리
밤의 목구멍에서 들려왔다
외출이 감기를 업어
배속 장기가 목에 기침을 감아 올렸다
죽음의 냄새는 없으나
변조된 음성이 코와 입을 막고
기침이 거리로 쏟아진다
부은 편도선에 열꽃이 피었고
숫자뿐인 암호가
소리를 따라 뇌로 잠입한다
알약이 모자이크 되는 기다림
두 손을 모아
하얀 피로 아픔을 대신한
둥근 얼굴을 그리며
목에 따스함이 감겨온다

# 이별을 지우며

여자는 이별의 시간에
20년을 기생했다
물기를 거둔 육신
쪼그라진 신장은 이별의 길을 열었다
눈을 감고
몸의 구석구석을 해부했다
칼날이 닿는 부분은 경련을 일으켜
짜릿한 비린내를 풍긴다
손목에 피 흘리며
비밀을 감춘 어지러움들
쏟아져 바람의 향기로
이별의 마음을 흔들었다
추의 리듬에 숨 쉬는 버릇
가슴의 빈 항아리에 햇살가득
이별의 그림자를 지웠다

# 기억이 스러지다

가로등에 걸린 추위가
마음의 들판에 하얗게 선다
기적소리 강물에 잠겼고
그리움의 색깔이 뿌리를 내리는 겨울
낙동강 물빛에 숨 쉬는 기억들
세상이 하얀 머리카락을 길러
둑방의 거름무더기에
고향의 냄새로 발효하는 아지랑이
물난리에 강당에서 추석을 보내며
강바닥의 찰흙으로 빚은
탱크와 강아지가 그리워
수취인 없는 편지를 쓴다
달빛이 잇몸을 보이며 웃는 밤
도시의 불빛 틈에
물기 없는 기억들 별이 된다

백영희 시집

# 바람의 씨앗

인쇄일 | 2011년 4월 25일
발행일 | 2011년 4월 30일
지은이 | 백영희
펴낸이 | 최장락
펴낸곳 | 도서출판 두손컴
주 소 | 부산광역시 부산진구 부전2동 526-12 삼성B/D 301호
전화 : (051)805-8002 팩스 : (051)805-8045
이메일 : doosoncomm@hanmail.net
출판등록 제329-1997-13호



값 8,000원

ISBN 978-89-91674-93-6-03810



* 본 도서는 2011년 부산문화재단 지역문화예술육성지원사업의 일부 지원으로 제작됩니다.